Lieder und Geschichten von der

Feuerwehr

Verteiler

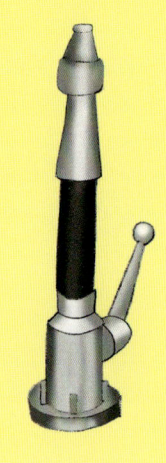

Mehrzweckstrahlrohr

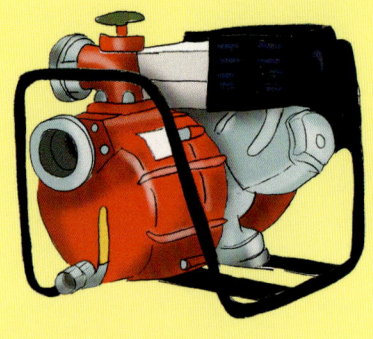

Feuerlöschpumpe

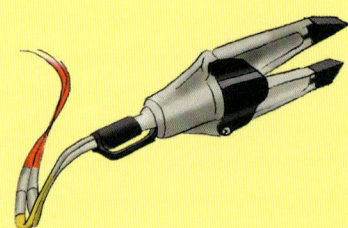

Rettungsspreizer

Feuerlöscher

Kettensäge

Rettungszylinder

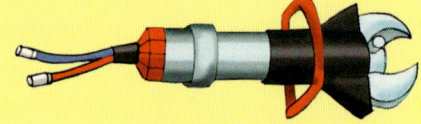

Rettungsschere

Lieder und Geschichten von der Feuerwehr

Inhaltsverzeichnis

Auf der Feuerwache

Max kommt gerade auf seiner Arbeitsstelle an. „Guten Morgen!" Er ist Feuerwehrmann und arbeitet auf einer großen Feuerwehrwache. Dort ist immer etwas los. Seine Kollegen, die anderen Feuerwehrmänner und -frauen, sind mit vielen verschiedenen Aufgaben beschäftigt: Sie schreiben Einsatzberichte, halten die Ausrüstung der Feuerwehr, also die Schläuche, Pumpen und Autos, in der großen Werkstatt in Schuss. Sie können im Fitnessraum Sport machen, denn Feuerwehrleute müssen immer topfit sein, oder aber sie sitzen einfach gemütlich im Aufenthaltsraum beisammen und warten auf den nächsten Einsatz. Manche schlafen sogar in einem speziell eingerichteten Schlafraum.

Wenn in der Einsatzzentrale ein Notruf eingeht, muss es ganz schnell gehen. Dann schlüpfen die Feuerwehrleute ruck, zuck in ihre Schutzanzüge und rutschen an langen Metallstangen herab in die Garagen, wo die Feuerwehrautos schon auf sie warten.

Max, der kleine Feuerwehrmann

auf CD Nr. 3

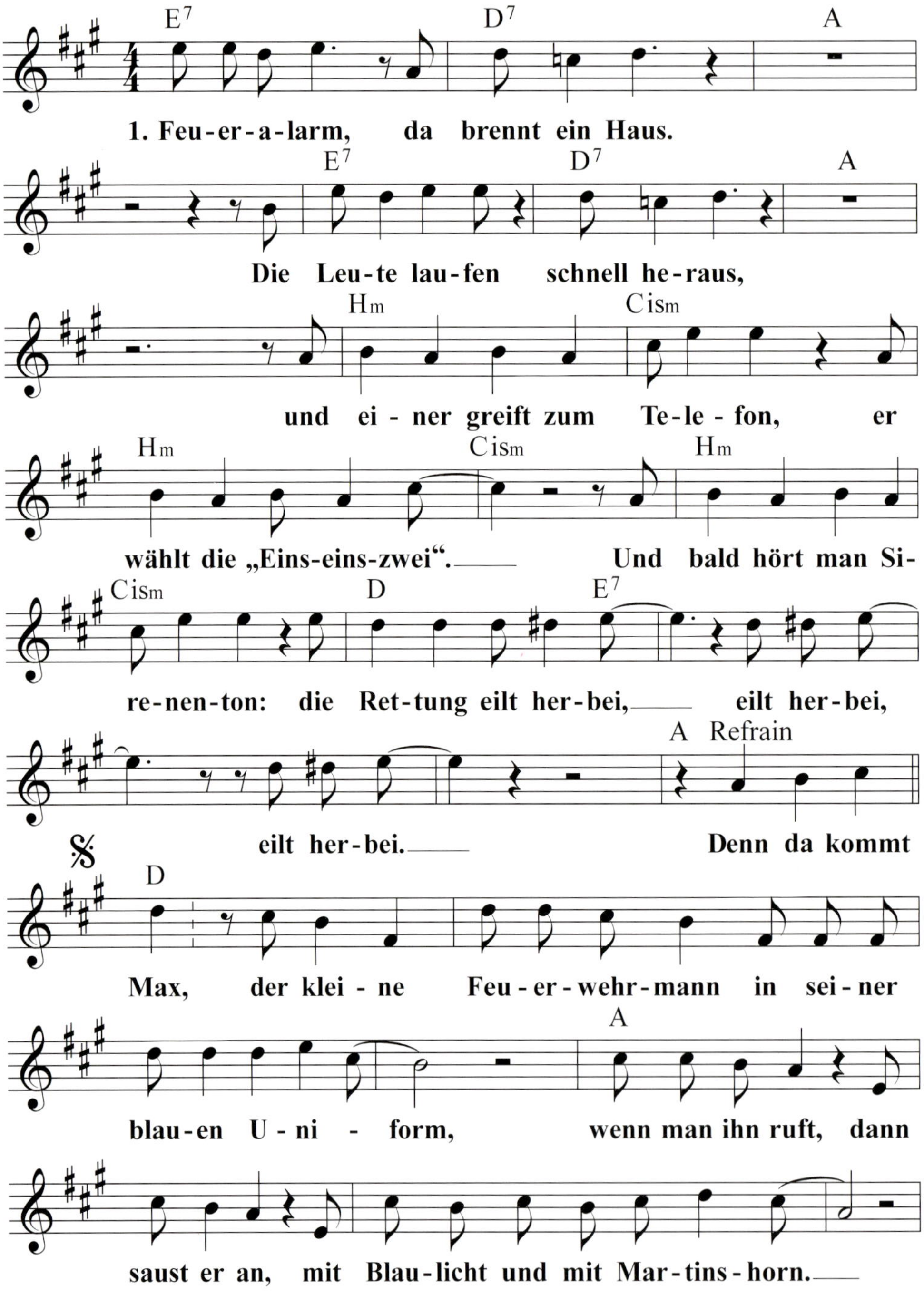

1. Feu-er-a-larm, da brennt ein Haus.

Die Leu-te lau-fen schnell he-raus,

und ei - ner greift zum Te-le - fon, er

wählt die „Eins-eins-zwei". Und bald hört man Si-

re-nen-ton: die Ret-tung eilt her-bei, eilt her-bei,

eilt her-bei. Denn da kommt

Max, der klei - ne Feu-er-wehr-mann in sei-ner

blau-en U-ni - form, wenn man ihn ruft, dann

saust er an, mit Blau-licht und mit Mar-tins-horn.

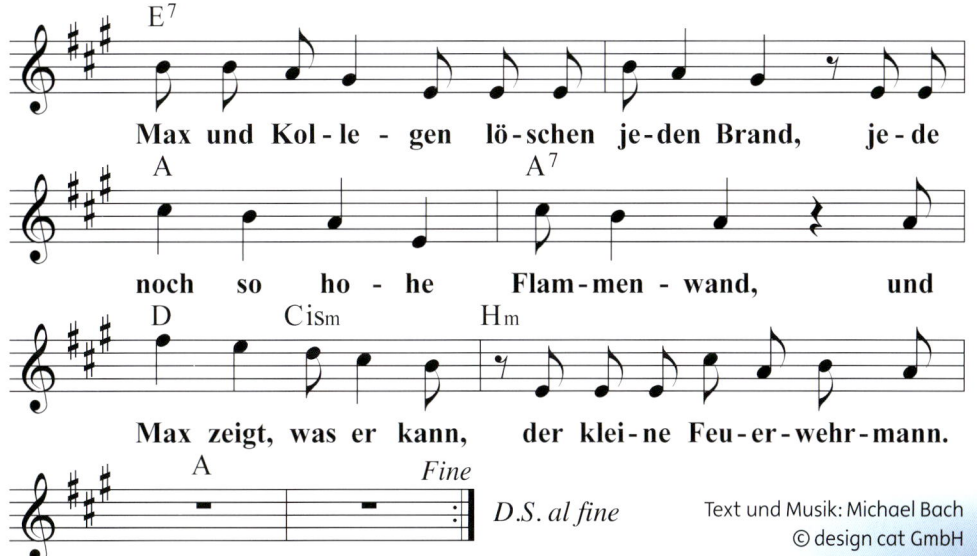

Max und Kol-le-gen lö-schen je-den Brand, je-de

noch so ho-he Flam-men-wand, und

Max zeigt, was er kann, der klei-ne Feu-er-wehr-mann.

Fine

D.S. al fine

Text und Musik: Michael Bach
© design cat GmbH

2. ,,Her mit dem Schlauch!" –
,,Hier kommt er schon!"
Und alle Mann auf Position!
Die Feuerwehr, sie legt gleich los
und jeder handelt rasch.
Achtung, fertig, es geht los.
Kommando ,,Wasser marsch,
Wasser marsch, Wasser marsch!"

Refrain I:
Und hier ist Max,
der kleine Feuerwehrmann,
in seiner blauen Uniform,
wenn man ihn ruft,
dann saust er an,
mit Blaulicht und mit Martinshorn.
Max und Kollegen löschen jeden Brand,
jede noch so hohe Flammenwand,
und er zeigt uns, was er kann,
der kleine Feuerwehrmann.

Refrain II:
Max, der kleine Feuerwehrmann,
ist zuverlässig und hat Mut.
Und er hilft gern,
er hat Spaß daran,
drum weiß er immer, was er tut.
Max und Kollegen löschen jeden Brand,
jede noch so hohe Flammenwand,
und Max zeigt, was er kann,
der kleine Feuerwehrmann.
Oh ja, er zeigt uns, was er kann,
der kleine Feuerwehrmann.

9

Die Ausrüstung der Feuerwehr

Feuerwehrmann

Hauptfeuerwehrmann

Oberfeuerwehrmann

Brandmeister als Einheitsführer

Wehrleiter

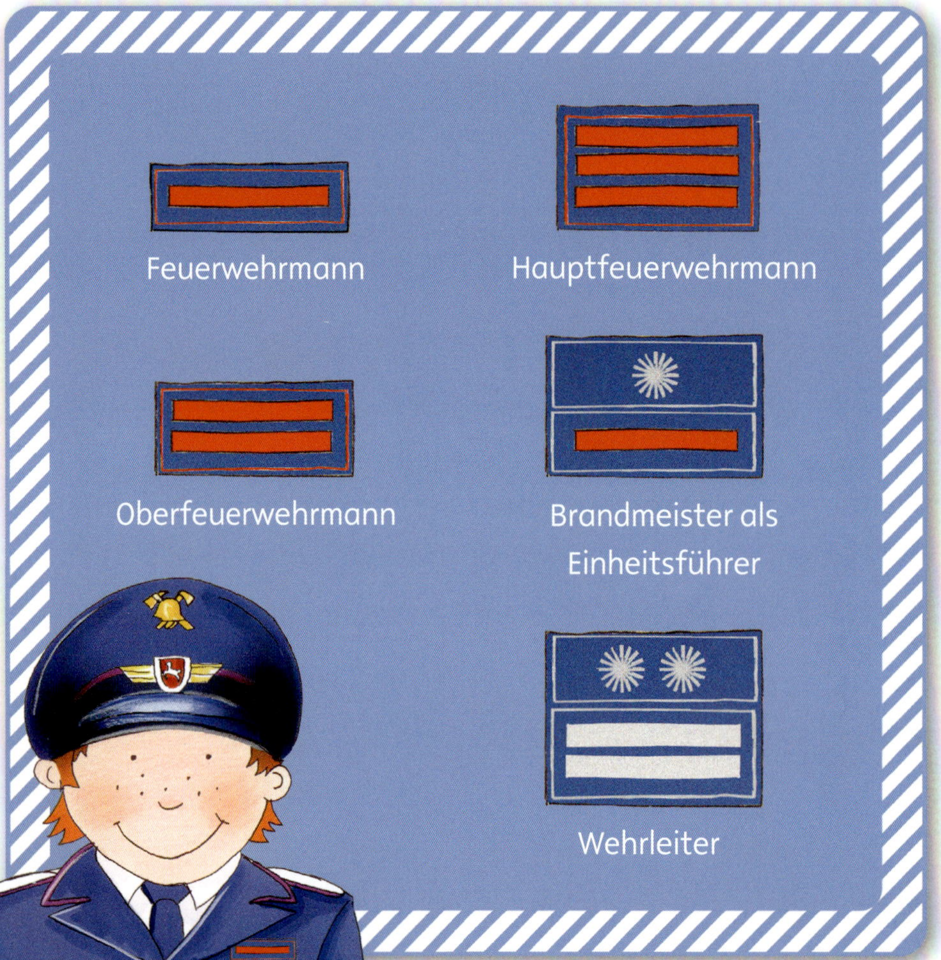

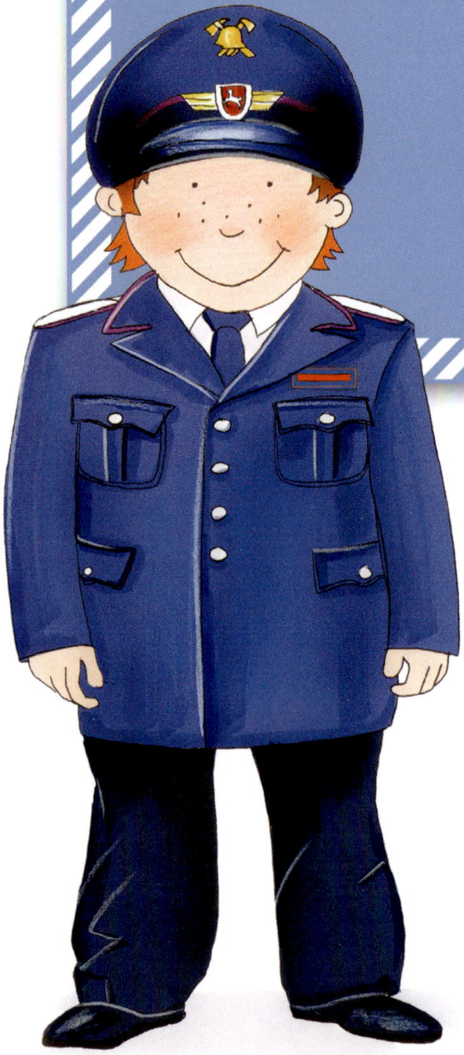

Max hat heute seine schicke blaue Feuerwehruniform an. Die Uniform trägt er meistens bei besonderen Anlässen, oder wenn die Feuerwehr sich in der Öffentlichkeit zeigt.

Kannst du erkennen, welches Abzeichen Max trägt?

Bei einem Einsatz muss Max seine Schutz-
kleidung tragen, die ihn vor Feuer und Hitze
schützt: eine spezielle Hose und Jacke,
Handschuhe und Stiefel.
Der Helm schützt ihn
vor herabfallenden
Gegenständen.

Natürlich braucht ein Feuerwehrmann noch
viele weitere wichtige Dinge, um für alle mög-
lichen Arten von Einsätzen gerüstet zu sein.

Atemschutzgerät

Atemschutzmaske

Sicherheitsgurt

Feuerwehrbeil

Signalpfeife

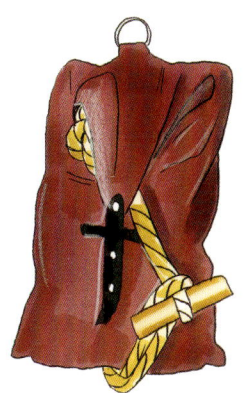

Sicherungsseil

Signalleuchte

Signaljacke

Die Uniform der Feuerwehr

auf CD Nr. 5

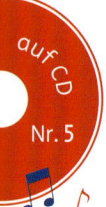

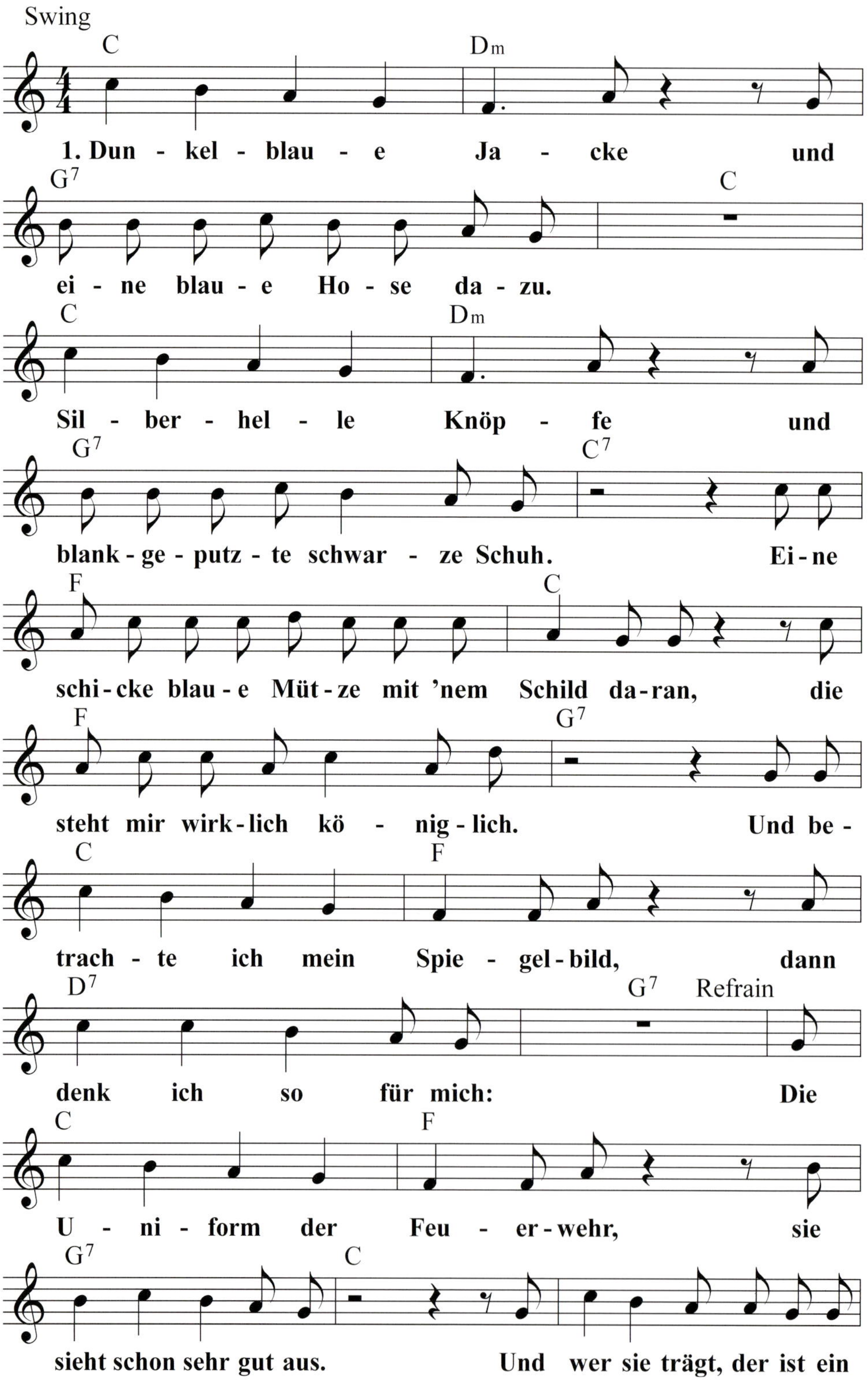
Swing
C Dm
1. Dun - kel - blau - e Ja - cke und
G7 C
ei - ne blau - e Ho - se da - zu.
C Dm
Sil - ber - hel - le Knöp - fe und
G7 C7
blank - ge - putz - te schwar - ze Schuh. Ei - ne
F C
schi - cke blau - e Müt - ze mit 'nem Schild da - ran, die
F G7
steht mir wirk - lich kö - nig - lich. Und be -
C F
trach - te ich mein Spie - gel - bild, dann
D7 G7 Refrain
denk ich so für mich: Die
C F
U - ni - form der Feu - er - wehr, sie
G7 C
sieht schon sehr gut aus. Und wer sie trägt, der ist ein

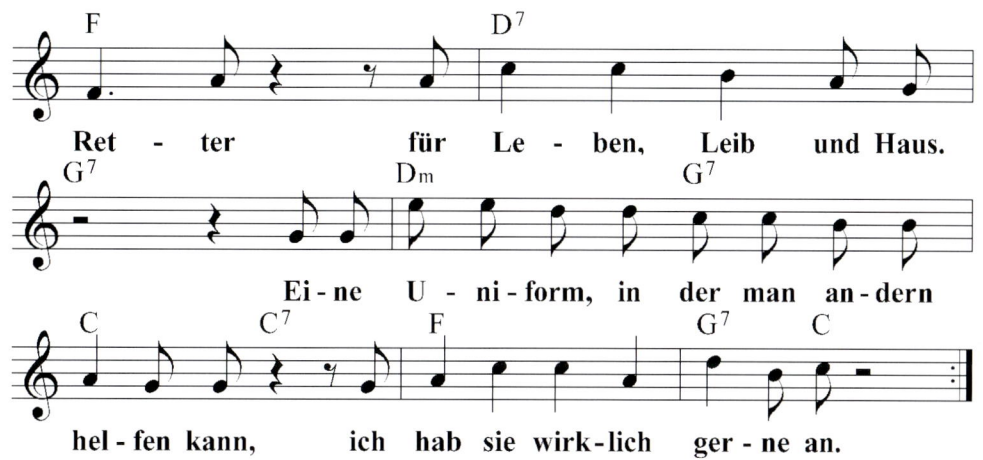

Ret - ter für Le - ben, Leib und Haus.
Ei - ne U - ni - form, in der man an - dern
hel - fen kann, ich hab sie wirk - lich ger - ne an.

Text und Musik: Michael Bach
© design cat GmbH

2. Tret ich vor die Haustür,
dann strahlen meine Knöpfe im Licht.
Nachbarn grüßen freundlich
mit einem Lächeln im Gesicht.
Kinder auf der Straße laufen zu mir her –
ich bin bei ihnen sehr beliebt,
und einer ruft, hey, Feuerwehr,
schön, dass es dich gibt!

Refrain: …

Die richtigen Fahrzeuge
für jeden Einsatz

Die Feuerwehr hat viele verschiedene Fahrzeuge.

Der **Einsatzleitwagen (ELW)** ist immer als Erster am Einsatzort.

Im **Löschgruppenfahrzeug (LF)** haben sieben Feuerwehrleute Platz, das Kommando hat hier der Gruppenführer. Der Maschinist lenkt das Auto. Er ist auch für alle Geräte und Werkzeuge verantwortlich.

Außerdem hat das Löschgruppenfahrzeug, ähnlich wie das **Tanklöschfahrzeug (TLF)** einen großen Wassertank, an den die Wasserschläuche angeschlossen werden können. Das ist besonders wichtig, wenn zum Beispiel kein Hydrant in der Nähe ist, von dem aus man die Schläuche an das Wassernetz anschließen kann.

Im **Rüstwagen (RW)** befinden sich viele wichtige Gerätschaften, die bei einem Einsatz benötigt werden, angefangen bei Seilen, Schaufeln, Brech- und Stemmeisen und Werkzeugen bis hin zu einer Motorsäge, Atemschutzgeräten, Pumpen, Ersatzschläuchen und vielem mehr.

Das **Drehleiterfahrzeug (DLK)** wird benötigt, wenn Menschen zum Beispiel aus einem Hochhaus gerettet werden müssen.

Ohne mich läuft es nich'

Intro

B **Es**

Neu-lich auf der Feu-er-wa-che gabs 'nen Rie-sen-krach.

F⁷ **B**

Ach, du lie - be Zeit! Der

G⁷ **Cm**

Schlauch, das Was-ser, die Pum-pe und die Lei-ter, die

F⁷ **B**

hat - ten ei - nen Streit.

Strophen

G

1. Ich bin der gro - ße Schlauch zum Was - ser-

D⁷

sprit - zen in al - le Fen - ster___ und in al - le

G **C**

Rit - zen. In Se - kun - den - schnel - le mach ich

G **A⁷**

ei - nen nas - sen Guss, da - mit die Feu - er - wehr kei - ne

D⁷

Ei - mer schlep - pen muss.

F⁷ **B⁷** Refrain **Es** **F⁷**

1. – 4. Oh - ne mich läuft es
5. Kei - nen Grund für 'nen

B

nich'. Denn der
Streit, weil ihr

16

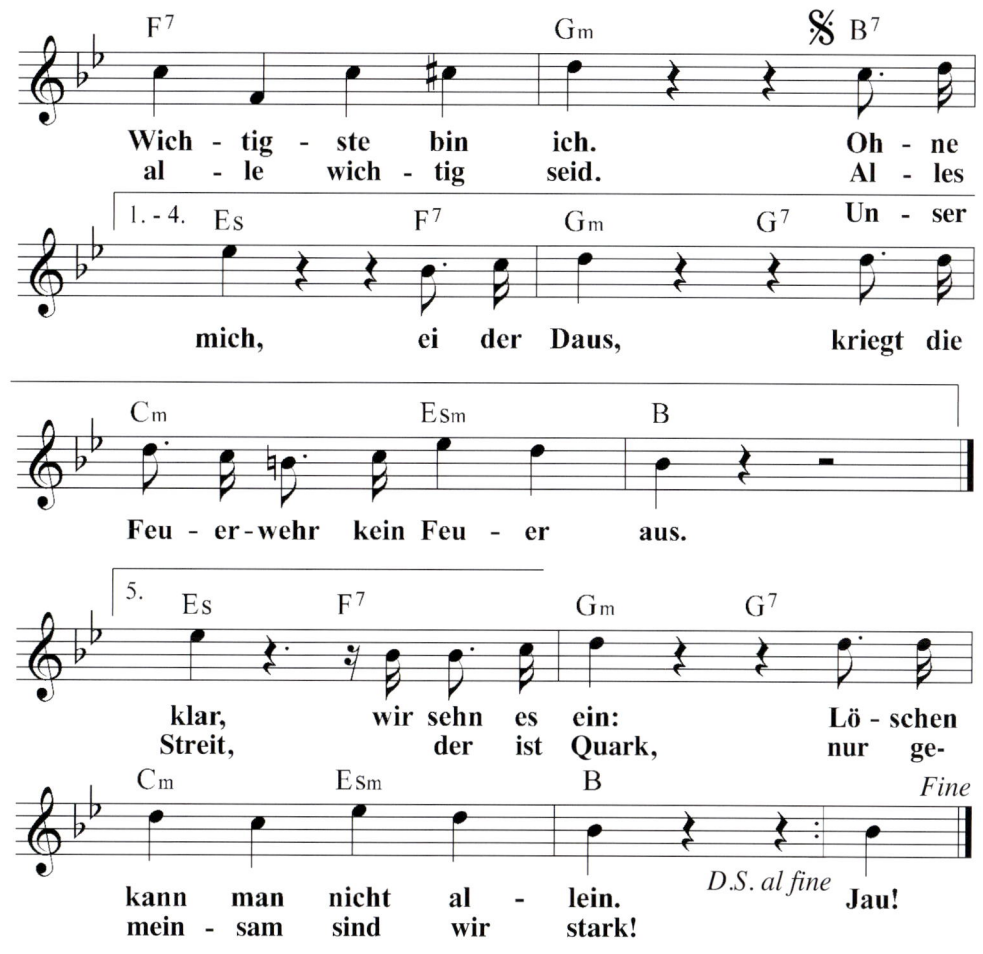

Wich - tig - ste bin ich. Oh - ne
al - le wich - tig seid. Al - les

1. - 4.

mich, ei der Daus, kriegt die

Feu - er - wehr kein Feu - er aus.

5.

klar, wir sehn es ein: Lö - schen
Streit, der ist Quark, nur ge-

kann man nicht al - lein. Jau!
mein - sam sind wir stark!

D.S. al fine

Text und Musik: Michael Bach
© design cat GmbH

2. Nun hört mal alle her,
ich bin das Wasser.
Ich bin so flüssig
und nichts ist nasser.
Ich fließ in alle Ecken
vom brennenden Haus
und lösch mit meiner Feuchtigkeit
jede Flamme aus.

Refrain: …

3. Ohne Pumpe
kann das gar nicht funktionieren,
das Wasser muss man
erst mal transportieren.
Löschen kann man erst,
wenn ich das Wasser spuck,
denn ich alleine sorge
für den richt'gen Druck.

Refrain: …

4. Jetzt hört mir zu
und werdet mal gescheiter:
Die Wichtigste bin ich,
ich bin die Leiter.
Allein mit meiner Hilfe kommt
die Rettung hoch hinauf,
drum fahr ich immer mit auf dem
Auto oben drauf.

Refrain: …

5. Ich glaube,
ihr habt alle einen Knacks,
so mischt sich ein
der Feuerwehrmann Max.
Wenn wir zu einem Einsatz fahren,
wo es brennt und raucht,
dann seid ihr alle wichtig,
denn jeder wird gebraucht.

Refrain: …

Rettet das Kätzchen!

In der Zentrale geht ein Notruf ein.

„Hier ist Anna Müller aus der Gartenstraße 31. Ich brauche Ihre Hilfe! Meine kleine Katze Minka ist auf den großen Baum vor meinem Haus geklettert und kommt alleine nicht mehr herunter!"

„Keine Angst, Frau Müller, ich schicke sofort einen Einsatzwagen zu Ihnen."

auf CD

Nr. 8

Max und seine Kollegen fahren mit dem Drehleiterfahrzeug in die kleine Vorortsiedlung. Max beruhigt Frau Müller und klettert dann auf der Drehleiter an dem großen Baum hoch. Und da sieht er sie auch schon, die kleine Katze Minka. Ganz verängstigt hockt sie auf einem schwankenden Ast.

Gut, dass Max so gut mit Tieren umgehen kann. Er redet auf das Kätzchen ein und lockt es schließlich so nah an sich heran, dass er es auf den Arm nehmen kann. Vorsichtig trägt er es die Leiter hinunter und überreicht es der Besitzerin. Um ihn herum ertönt Applaus. Die Nachbarn, die ihm neugierig zugesehen haben, freuen sich über die Rettung der kleinen Katze.

Omas Katze auf dem Baum

Refrain

O - mas Kat - ze auf dem Baum: Hi -

nauf sprang sie ganz mun - ter, doch

jetzt hat sie so gro - ße Angst und

traut sich nicht mehr run - ter.

Strophen

1. Und da kommt die Feu - er - wehr mit

ei - ner lan - gen Lei - ter.

Doch die Kat - ze fürch - tet sich und

klet - tert im - mer wei - ter.

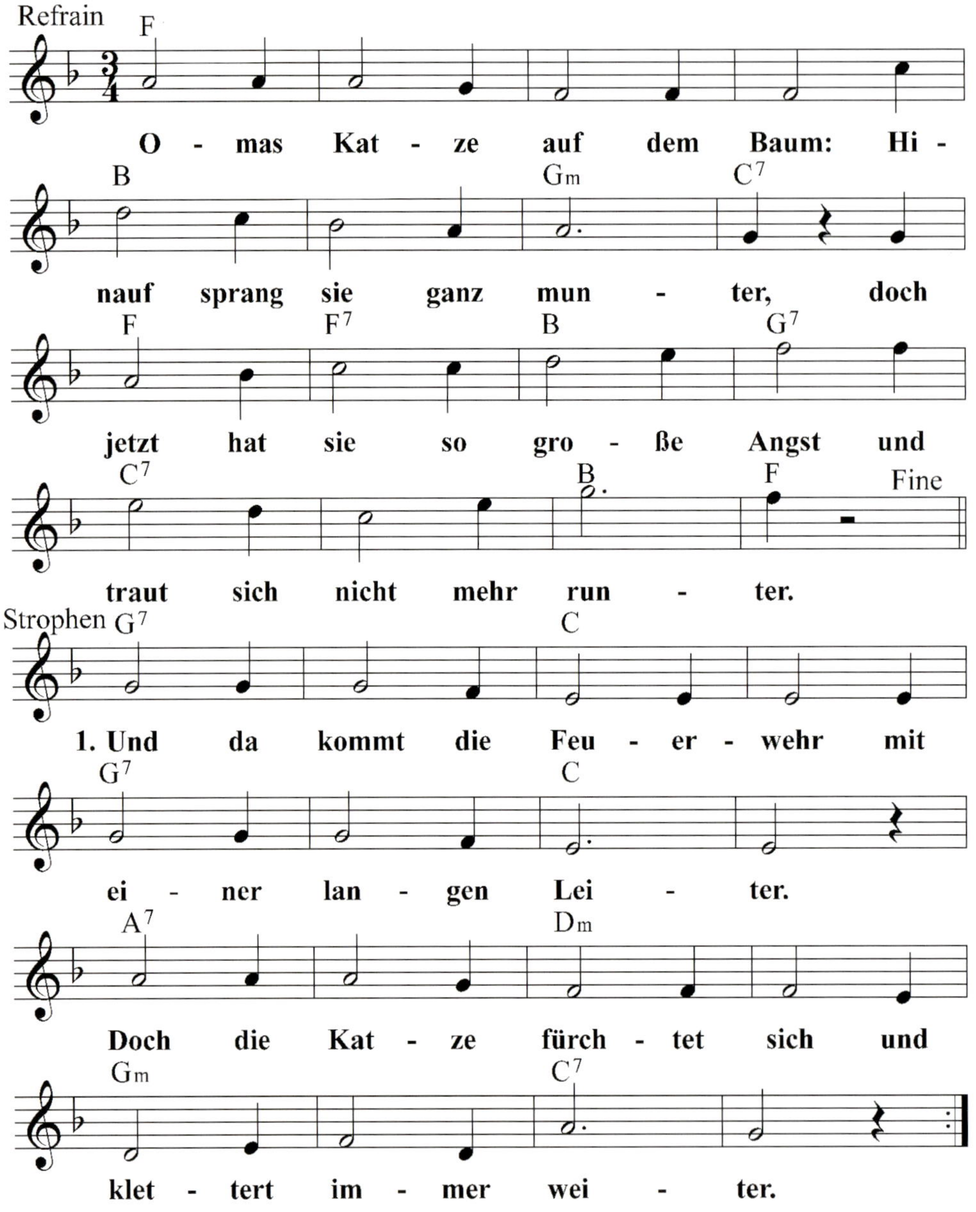

Text und Musik: Michael Bach
© design cat GmbH

Refrain: …

2. Und da kommt die Feuerwehr
mit Seil und Klettereisen,
doch die Katze fürchtet sich
und fängt gleich an zu beißen.

Refrain: …

3. Und da kommt die Feuerwehr
– mit Sprungtuch wird's gelingen.
Doch die Katze fürchtet sich
und will nicht runterspringen.

Refrain: …

4. Feuerwehr weiß keinen Rat,
da hilft wohl nur ein Wunder.
Oma holt 'ne Schale Milch
und – „schwupps" – schon saust
sie runter.

Großbrand im Hochhaus

Kaum sind Max und seine Kollegen in das Auto gestiegen, da kommt über Funk ein neuer Einsatzbefehl: Mitten in der Stadt brennt ein Hochhaus. Mit Blaulicht und Tatütata brausen sie los. Vor Ort sind auch schon die anderen Feuerwehrautos angekommen. Aus einem Fenster im vierten Stock des Hochhauses kommt dicker dunkler Qualm. Die Familie, die dort wohnt, hat sich auf den Balkon geflüchtet. Wieder fährt Max mit der Drehleiter hoch, um sie zu retten. Währenddessen schließen seine Kollegen bereits die Schläuche über Standrohre an einen Hydranten an. An die Schläuche werden die Spritzen angeschraubt. Und dann heißt es auch schon: „Wasser marsch!" Aber die Flammen scheinen schon auf die Nebenwohnung überzugreifen. „Hilfe! Hilfe!" Da steht ein junger Mann am Fenster und ruft um Hilfe. Rasch wird das große Sprungpolster dort aufgebaut.

Zuerst traut sich der Mann nicht zu springen, doch die Feuerwehrmänner machen ihm Mut und schließlich springt er doch und ist in Sicherheit.

„Mein kleiner Hund ist noch in der Wohnung!"
„Keine Angst, wir gehen rein und holen Ihren Hund da raus!"

Zwei Feuerwehrmänner gehen in das Haus, um das Tier aus der Wohnung herauszuholen. Dazu müssen sie die Atemschutzgeräte anziehen, denn der Rauch ist giftig. Als sie mit dem kleinen Hund zurückkommen, ist der junge Mann überglücklich. Als der Brand schließlich gelöscht ist, gehen die Feuerwehrspezialisten auf die Suche nach der Ursache. Anscheinend war ein Stromkabel defekt und hat das Feuer ausgelöst. Auch nachdem die Flammen gelöscht sind, bleiben noch ein paar Feuerwehrleute beim Haus und halten Brandwache, um zu verhindern, dass versteckte Glutnester ein erneutes Feuer entzünden.

Schneller, schneller!

auf CD Nr. 11

Strophen

G   D⁷

1. Auf der Feu - er - wa - che, da   schellt das Te - le -
schnell ins Ein - satz - fahr - zeug mit   Helm und U - ni -

H⁷   C   G

fon: ein   Haus, das steht in   Flam - men. „Nur
form   und   rasch, rasch, rasch, Be - ei - lung, die

H⁷   1. Em   2. Em

Mut, wir kom - men   schon!"   Jetzt
Zeit, sie drängt e -   —norm.

Refrain Am⁷   D⁷   Gj⁷

Schnel - ler, schnel - ler, macht die Bahn frei, denn hier kommt die

Cdim   H⁷   C   G

Feu - er - wehr!   Bei   je - dem   Ein - satz   be -

H⁷   Em

eilt sie sich so   sehr!

Text und Musik: Michael Bach
© design cat GmbH

2. Mit Blaulicht durch die Straßen
und mit Tatütata:
Die Feuerwehr hat Vorfahrt,
das ist wohl jedem klar.
Die Autos fahrn zur Seite,
die Leute bleiben stehn.
Die Feuerwehr gibt Vollgas
und fährt schon hundertzehn.

Refrain: …

Feuerübung in der Schule

auf CD Nr. 12

Am nächsten Morgen sitzen die Schüler der Grundschule gerade im Unterricht, als die Feuersirene losheult. Aufgeregt springen alle auf und wuseln durcheinander. Ist es eine Übung oder brennt es wirklich?

„Kinder, bleibt bitte ruhig! Stellt euch in einer Zweierreihe vor der Klassentür auf und dann verlassen wir ruhig, aber zügig das Schulgebäude!"

Auch aus den anderen Klassen-
zimmern strömen die Schüler hinaus auf den Schulhof. Und dort
können sie erleichtert aufatmen.
Es war tatsächlich nur eine Übung.
Max und zwei seiner Kollegen sind
mit einem Löschgruppenfahrzeug

zur Schule gekommen und loben
Lehrer und Schüler für den guten
Verlauf der Feuerübung. Danach
zeigen sie den Kindern das Auto
und erklären ihnen die Schläuche
und Werkzeuge. Das ist interes-
sant! Viel besser als der Unterricht!

Feuerübung in der Schule

Refrain

D | G | A⁷ | D

Feu - er - ü - bung   in   der Schu - le. Der

A⁷ | D | A⁷

Un - ter - richt fällt heu - te   aus.

D | G | A⁷ | Hm

Denn wenns mal brennt in   un - srer Schu - le,

Em | A⁷ | G | D

wol - len wir doch al - le heil he - raus.

Strophen

D | G

1. Ja,   in   der ers - ten Stun - de pa - cken
Der   Leh - rer sagt: „Steht ru - hig   auf und

A⁷ | D | G

wir die Hef - te aus.   Da hö - ren wir Si - re - nen - ton, er
lasst die Sa - chen hier.   Stellt euch in Zwei - er - rei - he auf hier

1. E⁷ | A⁷ | 2. E⁷ | A⁷ D.C.

heult durchs gan - ze Haus.   vor der Klas - sen - tür.“

Text und Musik: Michael Bach
© design cat GmbH

28

Refrain: …

2. Jeder nimmt des andern Hand
   und dass auch keiner fehlt,
   wird draußen vor dem Klassenzimmer
   erst mal durchgezählt.
   Wir folgen unserm Lehrer,
   er führt uns durchs Treppenhaus.
   Dann gehen wir in Zweierreihe
   auf den Hof hinaus.

Refrain: …

3. Ein Feuerwehrmann steht im Hof,
   er winkt uns zu und lacht:
   „Ihr Kinder, hört mal alle her,
   das habt ihr gut gemacht.
   Tut immer, was der Lehrer sagt,
   wenns in der Schule brennt,
   und dass ihr mir auf keinen Fall
   wild durcheinanderrennt!"

Refrain: …

Ein Schiff brennt

Natürlich macht ein Feuerwehr-mann auch mal Urlaub. Dieses Jahr ist Max an die See gefahren.

Dort besichtigt er die Hafenpolizei und darf sogar einmal bei einem Einsatz mitfahren.

„Mitten auf dem Meer ist ein Frachter in Brand geraten. Das ist sehr gefährlich, denn die Besatzung kann sich ja nur mit den Rettungswesten ins kalte Wasser retten. Mit dem Feuerwehrboot sind wir aber schnell zur Stelle und ziehen die Besatzung des Frachters aus dem Wasser."

„Hau ruck! Hau ruck! Gut so, jetzt haben wir alle Männer der Besatzung gerettet."

„Mit großen Löschkanonen wird dann der Brand an Bord des Schiffes gelöscht."

HELGOLAND   FEUERWEHR 112

Feuerwehrlöschboot Helgoland

auf CD
Nr. 15

Intro   Dm   G⁷   Dm   G⁷

Auf ho-her See   ist al - les o-kay.

C Strophen   G⁷

1. Kurs Nord - ost,   die Sicht ist klar,

E⁷   F

das Wet - ter ist so   wun - der-bar.

C   G⁷

Plötz-lich Rauch,   wo kommt er her?

E⁷   F

Der Käp - t'n wun - dert   sich so sehr.

G⁷   C⁷

Das sieht nach ei - nem Feu - er aus.

Dm⁷   G⁷

Hey, Fun - ker schick 'nen Not-ruf raus!

Dm   G⁷   F   Refrain

S - O - S

Dm   G⁷   Am

Schiff in Not!   Kom - bü - sen - und Ma -

C⁷   F

schi - nen-brand,   Lei - nen los,

D⁷   G⁷   C⁷

vol - le Fahrt,   für Feu - er - lösch - boot

Hel - go - land, und auf ho - her See ist

al - les o - kay.

D.S. al fine

Auf ho - her See ist

al - les o - kay.

Fine

Text und Musik: Michael Bach
© design cat GmbH

2. Steuerbord dampft sie an –
die Helgoland fährt, was sie kann.
Und sogleich schon macht sie da
die Feuerlöschkanone klar.
Und Wasser schießt mit Druck heraus –
das Feuer ist in Kürze aus.

Refrain: …

Die Jugendfeuerwehr macht Spaß

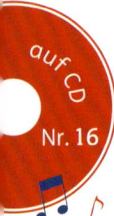

auf CD Nr. 16

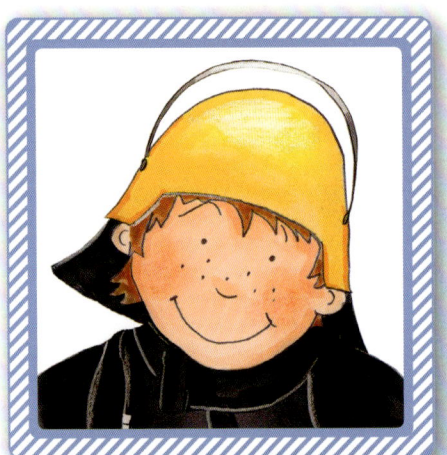

Auch Kinder und Jugendliche haben schon Interesse und Spaß an der Feuerwehr.

„Deshalb leite ich auch eine Gruppe der Jugendfeuerwehr. Dort erfahren die Jungen und Mädchen viel Wissenswertes über Brandbekämpfung. Sie lernen die Schläuche und Geräte der Feuerwehr kennen und machen sogar eigene kleine Löschübungen. Spiel und Sport kommen natürlich auch nicht zu kurz."

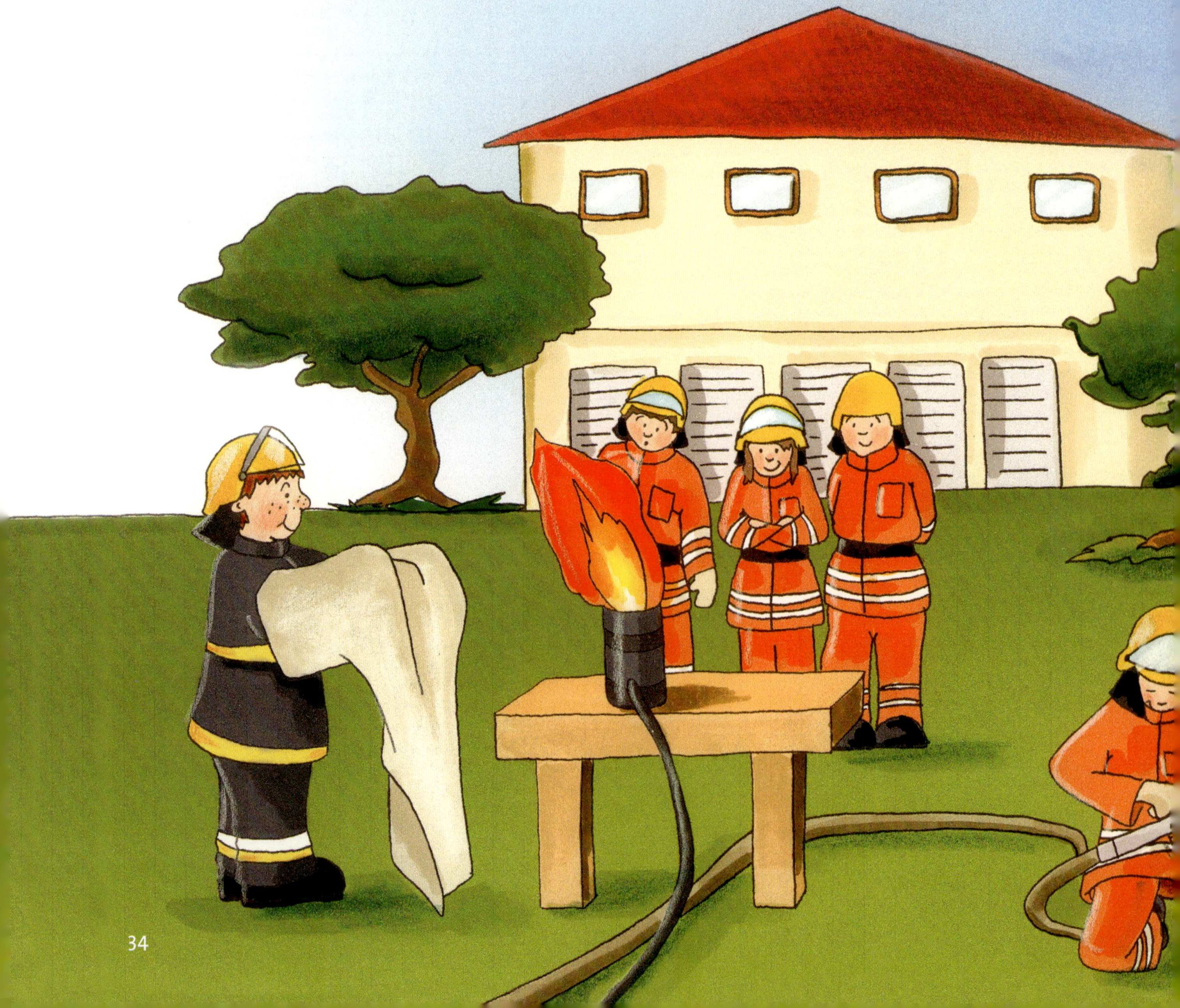

Was meinst du?
Wie hoch ist eine
Feuerwehrleiter?

- ☐ 90 Meter
- ☐ 10 Meter
- ☐ 30 Meter

112

Auflösung: Eine Feuerwehrleiter ist 30 m hoch.

Bei der Jugendfeuerwehr

auf CD Nr. 17

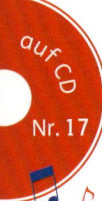

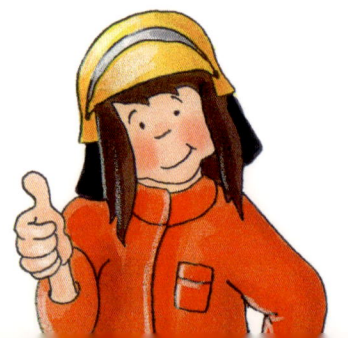

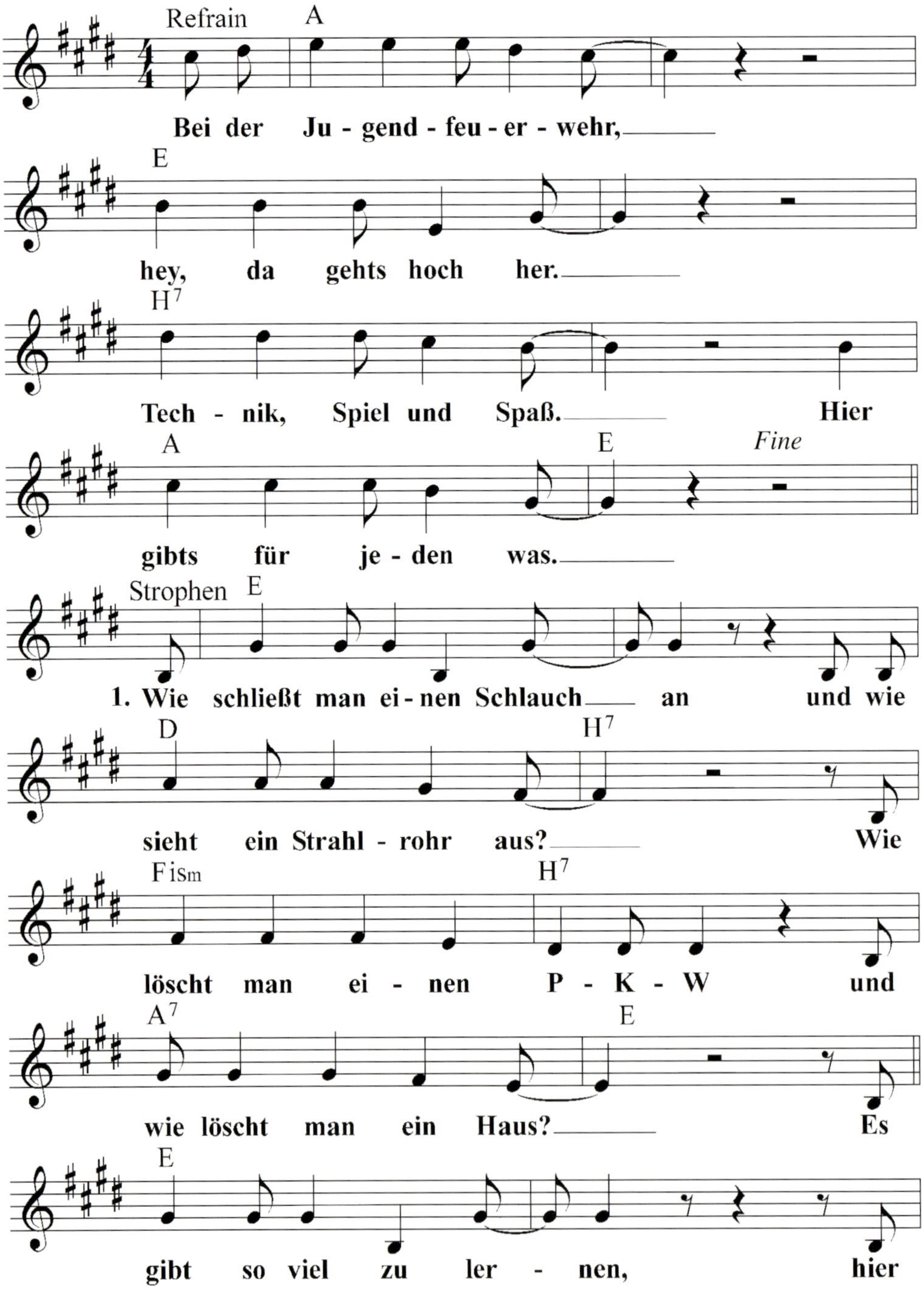
Refrain
A
Bei der Ju - gend - feu - er - wehr,
E
hey, da gehts hoch her.
H7
Tech - nik, Spiel und Spaß. Hier
A E Fine
gibts für je - den was.
Strophen E
1. Wie schließt man ei - nen Schlauch an und wie
D H7
sieht ein Strahl - rohr aus? Wie
Fism H7
löscht man ei - nen P - K - W und
A7 E
wie löscht man ein Haus? Es
E
gibt so viel zu ler - nen, hier

D   H⁷

bringt   sich   je - der   ein_____   mit

F is m   H⁷

Team - geist,   Fair - ness,   To - le - ranz   und

A⁷   E

Freund - schaft   o - ben - drein._____   *D.C. al fine*

Text und Musik: Michael Bach
© design cat GmbH

112

Tag der offenen Tür

Bei der Feuerwehr wird aber nicht nur gearbeitet. Heute findet ein großes Sommerfest beim Tag der offenen Tür der Feuerwache statt. Viele Familien mit Kindern sind gekommen und können sich dort über die Arbeit der Feuerwehr informieren, aber auch an Spielen teilnehmen und tanzen. Und selbstverständlich gibt es auch jede Menge leckeres Essen und Getränke.

Feuerwehrball

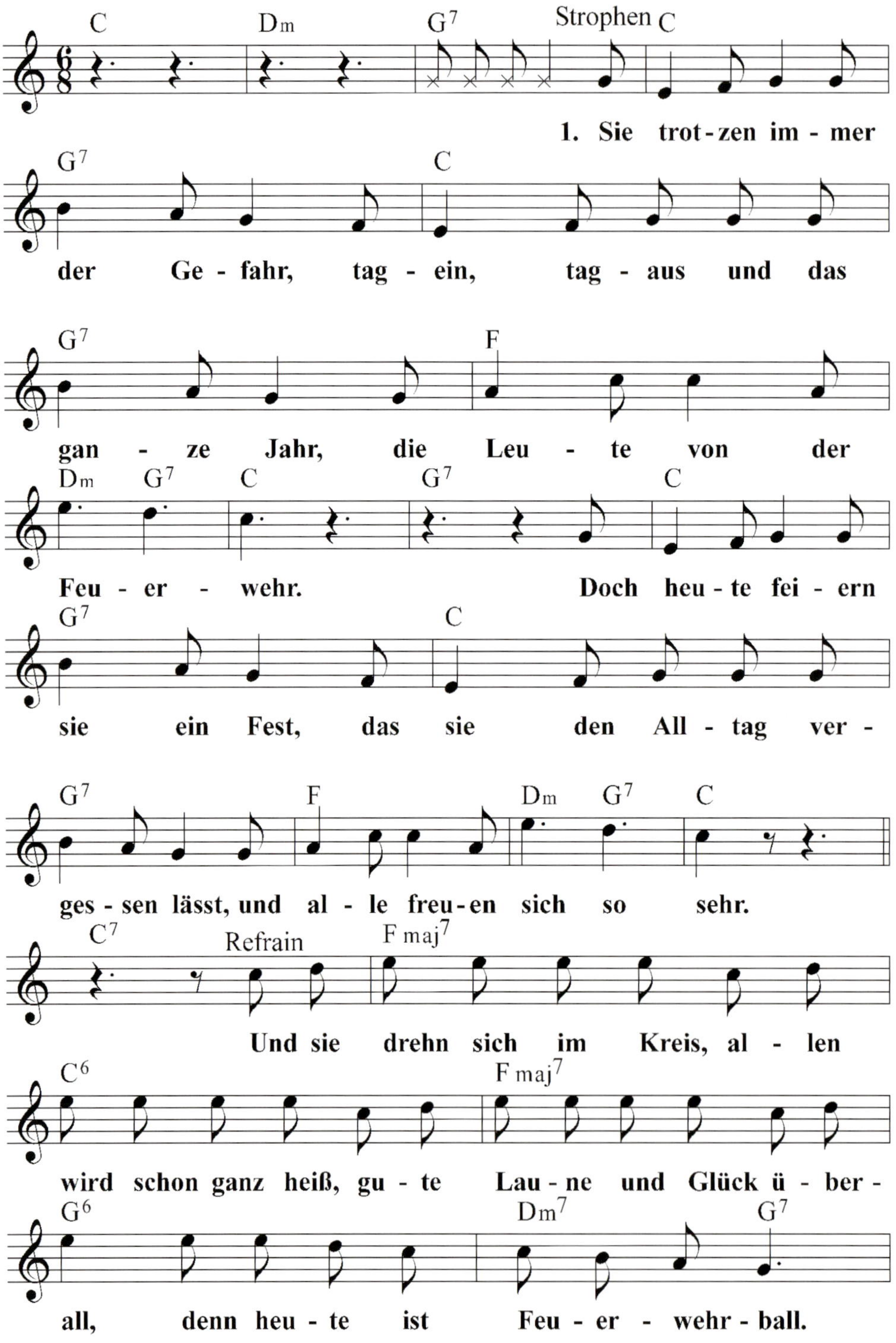

C   Dm   G⁷   Strophen C

1. Sie trot - zen im - mer

G⁷   C

der Ge - fahr, tag - ein, tag - aus und das

G⁷   F

gan - ze Jahr, die Leu - te von der

Dm   G⁷   C   G⁷   C

Feu - er - wehr. Doch heu - te fei - ern

G⁷   C

sie ein Fest, das sie den All - tag ver -

G⁷   F   Dm   G⁷   C

ges - sen lässt, und al - le freu - en sich so sehr.

C⁷   Refrain   F maj⁷

Und sie drehn sich im Kreis, al - len

C⁶   F maj⁷

wird schon ganz heiß, gu - te Lau - ne und Glück ü - ber -

G⁶   Dm⁷   G⁷

all, denn heu - te ist Feu - er - wehr - ball.

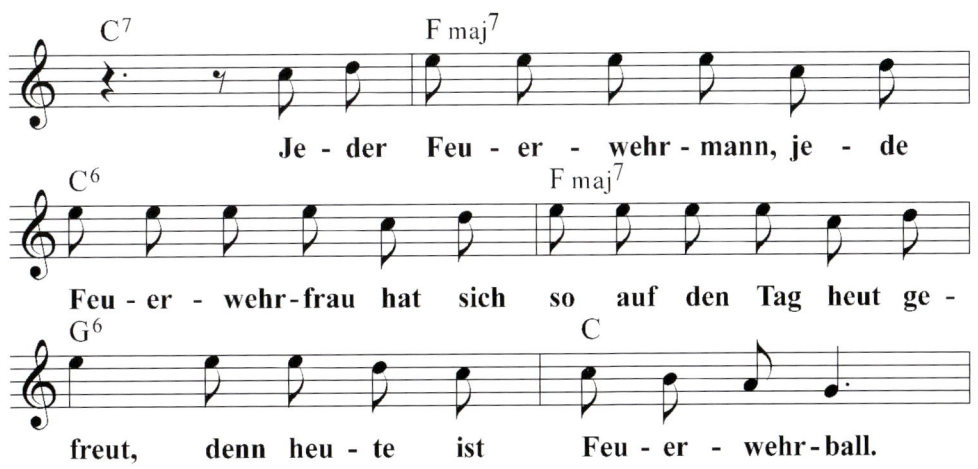

C⁷ ... Fmaj⁷

Je - der Feu - er - wehr - mann, je - de

C⁶ ... Fmaj⁷

Feu - er - wehr - frau hat sich so auf den Tag heut ge -

G⁶ ... C

freut, denn heu - te ist Feu - er - wehr - ball.

Text und Musik: Michael Bach
© design cat GmbH

2. Und wenn es brennt,
sind sie zur Stell,
wenn man sie braucht,
ja, dann kommen sie schnell,
die Leute von der Feuerwehr.
Heut nehmen sie sich etwas Zeit
für Freude, Spaß und für Fröhlichkeit,
und alles ist heut halb so schwer.

Refrain: …

Was die Feuerwehr noch alles kann

auf CD
Nr. 20

Löschen bei einem
Waldbrand

Die Feuerwehr ist auch noch bei vielen anderen Notfällen und Katastrophen im Einsatz.

„Retten, löschen, bergen, schützen", das alles ist ihre Aufgabe.

Denn ihr Motto lautet: „Gott zu Ehr, dem Nächsten zur Wehr."

Bergen bei
Hochwasser

Bergen bei einem
Autounfall

Bergen nach einem
starken Sturm

Retten der Tiere und
Löschen des **Brandes
auf einem Bauernhof**

**Welche Einsätze
gibt es außerdem?
Fällt dir noch etwas ein?**

Feuerwehr, wenn wir dich nicht hätten

Swing
Strophen

G

1. Sie löscht wohl je - den Wald - brand und sie
Bist du zu hoch hi - nauf - ge - klet - tert,

A⁷

löscht auch je - des Haus.   Bist du im Au - to ein - ge - klemmt, dann
holt   sie dich vom Baum, und brennt beim Un - fall das Ben - zin,   dann

C

holt sie dich he - raus.   Und bei Ü - ber - schwem - mung pumpt sie
löscht sie es mit Schaum.   Ret - ten, lö - schen, ber - gen   schüt - zen

C   D⁷

dir den Kel - ler leer: Drei - mal darfst du ra - ten,
und noch so viel mehr,   das kann nur die Feu - er-

1. G   2. G   Refrain

wer.   wehr.   Feu - er - wehr,

G⁷   C   D⁷

Feu - er - wehr.   Wenn wir dich nicht hät - ten,_____

G   G⁷   C

Feu - er - wehr,   Feu - er - wehr,

D⁷   G

wer sollt uns dann ret - ten?

Text und Musik: Michael Bach
© design cat GmbH

44

2. Den Baum, der auf der Straße liegt,
den sägt sie glatt entzwei,
für jeden Notfall hat sie stets
das Passende dabei.
Mit Blaulicht und mit Martinshorn
kommt sie sogleich daher:
Dreimal darfst du raten, wer.

Sie ist auch auf dem Flugplatz,
sollte dort mal was passiern.
Bist du in Not, dann ruf sie an,
du musst dich nicht geniern.
Retten, löschen, bergen, schützen
und noch so viel mehr,
das kann nur die Feuerwehr.

Refrain: ...

Richtiges Verhalten im Brandfall

 Wenn du einen Brand bemerkst, sag schnell einem Erwachsenen Bescheid.

 Wenn das nicht geht, ruf den Feuerwehrnotruf an. Die Telefonnummer (in Deutschland) lautet:

→ 112

 Nenne deinen Vor- und Nachnamen und die Adresse und beschreibe kurz, was passiert ist.

 Dann solltest du dich so schnell wie möglich von dem Brand entfernen.

Kleines Feuerwehr-Quiz

Hast du das Buch aufmerksam gelesen oder die CD gehört? Dann hast du vieles über die Arbeit der Feuerwehrleute gelernt und kannst sicherlich die folgenden Fragen beantworten (Lösungen siehe Seite 48):

🔥 Was trägt ein Feuerwehrmann zum Schutz vor herabfallenden Gegenständen?

....

....

🔥 Welches Feuerwehrfahrzeug ist immer zuerst am Einsatzort?

....

....

🔥 Warum bleiben ein paar Feuerwehrleute im Hochhaus, nachdem der Brand bereits gelöscht ist?

....

....

🔥 Womit wird ein Feuer an Bord eines Schiffes gelöscht?

....

....

🔥 Wann kannst du dir die Feuerwache ganz aus der Nähe ansehen und dir alles erklären lassen?

....

....

🔥 Welche Telefonnummer musst du wählen, wenn du einen Brand bemerkst?

....

....

Lösungen „Kleines Feuerwehr-Quiz", Seite 47:

1. Der Helm schützt den Feuerwehrmann vor herabfallenden Gegenständen.

2. Der Einsatzleitwagen (ELW) ist immer als Erster am Einsatzort.

3. Die Feuerwehrleute halten Brandwache, um zu verhindern, dass versteckte Glutnester ein erneutes Feuer entzünden.

4. Mit großen Löschkanonen wird der Brand an Bord eines Schiffes gelöscht.

5. Beim Tag der offenen Tür der Feuerwache.

6. Die Telefonnummer des Feuerwehrnotrufs (in Deutschland) lautet 112.

© 2014 design cat GmbH

Genehmigte Lizenzausgabe von Kinderland®,
einem Imprint von K75 Medienpark GmbH
Industriestraße 19
64407 Fränkisch-Crumbach 2019
www.k75-medienpark.de

Projektleitung: Sonja Sammüller
Herausgeber: Manfred Ulrich

Musikproduktion: K75 Medienpark GmbH,
Fränkisch-Crumbach
Gesang: Michael Bach, Clara Bach,
Sophia Bach und Simon Bach
Illustrationen: Katja Pagel, Miguel Epes
Texte für Buch und CD: Petra Schier
Musik: Michael Bach
Sprecher: Frank Stöckle, Lars Sonnen,
Anke Schröder, Wolfgang Schröder

Layout, Satz und Umschlaggestaltung:
design cat GmbH, Fränkisch-Crumbach

ISBN: 978-3-95706-201-7

Bildnachweis:
Shutterstock: Neyro Cover Back, 10, 34, 42

Gesamtspielzeit 39:40 Minuten